*Louis René Villermé*

# De l'Exploitation de la Propriété foncière et de la Vie rurale en France

*Étude*

Le code de la propriété intellectuelle du 1er juillet 1992 interdit en effet expressément la photocopie à usage collectif sans autorisation des ayants droit. Or, cette pratique s'est généralisée dans les établissements d'enseignement supérieur, provoquant une baisse brutale des achats de livres et de revues, au point que la possibilité même pour les auteurs de créer des œuvres nouvelles et de les faire éditer correctement est aujourd'hui menacée. En application de la loi du 11 mars 1957, il est interdit de reproduire intégralement ou partiellement le présent ouvrage, sur quelque support que ce soit, sans autorisation de l'Éditeur ou du Centre Français d'Exploitation du Droit de Copie , 20, rue Grands Augustins, 75006 Paris.

ISBN : 978-1986404976

10 9 8 7 6 5 4 3 2 1

Louis René Villermé

# De l'Exploitation de la Propriété foncière et de la Vie rurale en France

*Étude*

## *Table de Matières*

| | |
|---|---|
| **Introduction** | 7 |
| **Section I** | 9 |
| **Section II** | 19 |
| **Section III** | 26 |
| **Notes** | 37 |

## Introduction

On estime aujourd'hui mal administrée toute fortune qui repose exclusivement sur la propriété foncière, mais aussi l'on doute fort de la solidité des fortunes qui se composent uniquement de valeurs mobilières. Les différences de *stabilité* et de *productivité* qui existent entre les deux modes de placement expliquent pourquoi ils peuvent, en se combinant dans de sages proportions, constituer toujours une richesse en même temps plus maniable et plus fixe, plus féconde et plus puissante. Les qualités distinctes de la propriété foncière et de la propriété mobilière les soumettent, on le comprend, à des règles économiques diverses. Plus capricieuse ou tout au moins plus sujette à varier, celle-ci échappe pour ainsi dire à une direction assurée. L'inconstante faveur du public, le mérite éphémère de l'homme qui l'administre, tels sont trop souvent les éléments de ruine ou de succès sur lesquels s'appuie la fortune mobilière. La fortune foncière repose sur une assiette plus solide : elle ne doit guère espérer d'aussi rapides progrès, mais elle ne court pas des risques aussi graves. Les diverses manières de l'exploiter peuvent en conséquence donner lieu à des remarques plus précises.

Il y a quelques années, on constatait en France une fâcheuse tendance des capitaux à délaisser complètement la propriété territoriale pour se reporter vers ce qui est valeur industrielle proprement dite, ou valeur de bourse. Certains esprits moroses prononcèrent même à ce propos le nom de Law, et, en comparant les deux époques, se crurent autorisés par notre fièvre de spéculation à prédire au pays des ruines nouvelles. Évidemment une pareille alarme était exagérée ; mais elle répondait à l'excès de faveur que rencontraient partout alors les innombrables titres des compagnies financières. Cette faveur avait toutefois, sinon sa raison d'être, du moins son explication dans la condition faite depuis longtemps en France à la propriété foncière. La transmission des immeubles y est en effet grevée de charges fiscales et de formalités multiples dont la plupart doivent être maintenues, mais dont certaines paraissent singulièrement dures quand on les compare aux charges et aux formalités qui régissent la transmission des valeurs mobilières. S'agit-il de l'exploitation : les contributions de toute sorte, depuis l'impôt foncier jusqu'aux prestations, dépassent d'une somme énorme les droits de patente des industriels. Et puis est-il vraiment juste, quand on n'indemnise jamais les cultivateurs des pertes que leur causent les années où le grain se vend à bas prix, de leur enlever, par les nombreux moyens dont on dispose, le bénéfice que leur promettent les années de cherté ? La liberté et la fixité des droits en tout temps et pour toutes choses seraient, selon nous, les seules solutions qui satisferaient du même coup à la justice et aux véritables intérêts du pays ; mais favoriser l'entrée des blés étrangers dès que les nôtres sont rares, sans laisser sortir ou distiller les nôtres chaque fois que nos cultivateurs le voudraient, n'est-ce pas là une protection menteuse qui mériterait un tout autre nom ?

Cependant l'amour de la terre a résisté à tout et reste vivace en France, non pas seulement chez les paysans, qui aiment la terre avec fureur et sans mesure, mais aussi chez les hommes qui raisonnent mieux leurs goûts et les subordonnent davantage aux lois de l'expérience. Pour les uns, le sol présente l'immense mérite, si le fermage est faible, de ne faire du moins courir au propriétaire aucun des dangers qu'offrent les affaires commerciales. Les autres prisent dans la propriété rurale la considération et l'influence locale qui s'attachent toujours à la possession de la terre. Plusieurs enfin ont la sagesse de se dire que l'actif développement de l'industrie multiplie sans cesse les titres mobiliers, que les travaux publics et les guerres alourdissent la rente d'une masse de certificats dont le crédit a des limites plus étroites que la fabrication, tandis que la terre ne se prêtera jamais à une extension indéfinie, pas même à une extension proportionnelle au nombre et à la richesse des habitants : d'où il résulte que, ceux-ci augmentant toujours, la valeur de la propriété foncière profite lentement, mais infailliblement, de ces progrès continus.

La terre n'a-t-elle pas d'ailleurs un charme indicible ? N'exerce-t-elle pas une gracieuse séduction ? Reposer sa tête chez soi, planter et voir grandir ses arbres, revivre après sa mort dans la personne de ses fils aux lieux que l'on a aimés et disposés pour eux, tout cela n'est-il pas plein d'attrait ? — On s'identifie vite avec le sol, surtout quand on y met quelque chose de soi-même par le travail, et ce sentiment est pour beaucoup dans le prix que nous attachons à la propriété foncière. Cependant toutes les propriétés rurales ne sont point de simples villas destinées à procurer un peu d'ombrage et quelques délassements paisibles. À côté du parc ou du jardin verdoyant s'étendent les bois, les prés, les champs, dont il faut tirer parti. Comment en obtenir le meilleur revenu ? Doit-on céder l'exploitation à un fermier, ou bien s'associer à un cultivateur voisin, ou enfin assumer sur soi-même les charges et la responsabilité de la culture ? En un mot, que sont le louage, le métayage, l'exploitation personnelle ? que doivent-ils être ? quand et à qui conviennent-ils ? Nous allons essayer de répondre à ces questions, sans perdre de vue le rôle moral qu'un propriétaire ne doit jamais négliger, lors même qu'il confie à un tiers la culture de son domaine.

## Section I

Quelles que soient l'origine de la propriété foncière et les théories diverses qui tendent à en justifier ou à en limiter les droits, la faculté de l'aliéner pour toujours par la vente et le don, ou pour une certaine période par le louage, reste soumise, dans nos législations, à des formalités spéciales qu'on n'a point à examiner ici. En outre cette faculté d'aliénation temporaire est également soumise, selon les circonstances agricoles au milieu desquelles on l'exerce, à de nombreuses et variables conditions économiques, dont plusieurs présentent un intérêt réel.

Et d'abord, en ce qui concerne l'opportunité, on remarquera qu'il est certaines propriétés foncières dont le louage est peu praticable, souvent même inutile. Pourquoi affermer par exemple des bois dont la coupe peut être chaque année vendue directement par le propriétaire ? Pourquoi affermer la pêche d'un étang ? Cela est possible, cela est rarement nécessaire. Les prairies et les pâtures se prêtent bien au fermage. Les produits en sont assez réguliers, l'exploitation en est simple ; elles assurent presque toujours un prompt placement à des conditions fort avantageuses. Il en est autrement de beaucoup de champs et de fermes dont l'exploitation nécessite en général des travaux pénibles, une surveillance sérieuse, une série compliquée d'opérations délicates. Ici le prix de louage (fermage) ne dépend pas uniquement de la fécondité du sol. Proportionné aux services que cette fécondité peut rendre, il dépend aussi de la concurrence que se font entre eux les fermiers qui se présentent [1]. Donner sur l'estimation de la valeur locative d'un domaine des règles bien absolues serait donc chose difficile. Une appréciation de cette nature est d'ordinaire toute pratique, et convient à une expertise locale plutôt qu'à un travail théorique. Quoi qu'il en soit, la manière la plus commode d'utiliser un domaine rural composé de fermes ou de pièces de labour est encore de le louer à un cultivateur qui se charge de l'entreprise à ses risques et périls. Avec ce système, le propriétaire ne court aucun danger, pourvu que le fermier présente des garanties suffisantes et n'épuise pas les terres confiées à ses soins. Cultiver et payer, tel est alors le rôle de ce dernier ; le rôle du propriétaire consiste à regarder et à recevoir.

On se ferait néanmoins une grande et dangereuse illusion, si l'on s'imaginait qu'avec tout bail légalement mis en règle, les choses sont pour le mieux dans la plus facile des combinaisons possibles. Un bail est acte grave pour les deux parties contractantes, tellement grave que des agronomes, comme MM. de Gasparin, Girardin et du Breuil, etc., ont cru fortifier encore le caractère scientifique de leurs ouvrages en donnant des modèles de baux applicables à diverses situations agricoles. En effet, le preneur et le bailleur ont des intérêts solidaires, parfois identiques, parfois opposés. Le fermier veut payer moins, le propriétaire veut obtenir plus. Le fermier travaille à entretenir la terre dans sa fécondité pendant tout le temps qu'il l'exploite ; mais s'il ne consulte que son avantage personnel, il inclinera souvent, pendant les dernières années de son exploitation, à tirer des champs tout ce que ceux-ci renferment d'assimilable, à les laisser entre les mains de son successeur aussi misérables et appauvris que possible. Le propriétaire, de son côté, doit s'efforcer de maintenir toujours intacte la fertilité de son domaine, et même en poursuivre la constante amélioration, afin d'en obtenir ensuite un meilleur fermage. Il s'agit donc de concilier ces prétentions contraires. L'intervention du propriétaire peut-elle d'ailleurs entièrement cesser dès qu'un bail régulier a transféré au fermier tous les droits que le maître aliène ? Non, car un propriétaire ne doit pas seulement assurer l'avenir de ses intérêts, il doit aussi remplir dans toute son étendue la mission sociale qui résulte de la possession du sol. C'est ce que fera comprendre la suite de cette étude.

La première mesure de prudence qu'observera un homme expérimenté sera de ne louer sa terre qu'à un fermier assez honnête pour lui offrir toutes garanties morales ; mais il ne suffit pas que les rapports qui doivent s'établir se ressentent d'une mutuelle estime et d'une certaine confiance. La bonne direction d'un domaine important exige encore de la part du fermier une intelligence supérieure au niveau moyen qui se trouve dans nos campagnes, et ici par intelligence on doit moins entendre cette faculté de l'esprit qui permet de saisir le sens des mots et des choses que cette qualité assez rare qui en apprécie sagement la portée et la valeur relative, et que, suivant les circonstances, on nomme adressé ou bon sens. La plupart des cultivateurs connaissent la partie matérielle de leur métier. Possèdent-ils tous une instruction théorique suffisante ? L'état arriéré de certaines provinces de la France ne permet pas de le croire. Toutefois, si l'instruction est un merveilleux instrument de succès quand elle est complète et accompagnée de bon sens, elle devient une cause de ruine quand elle est superficielle, parce qu'elle est alors la source de fausses analogies, de menteuses conséquences, de coûteuses et inutiles tentatives. Avec des demi-savants pour fermiers, il faudra donc se montrer plus sévère sur l'exact paiement des termes et l'entier accomplissement de toutes les conditions intervenues, car un sage routinier vaut mieux en définitive qu'un maladroit innovateur, et si la science agricole est, surtout dans une grande exploitation, un élément de fortune, elle ne vaut cependant rien sans le concours de la prudence. Grignon, Grandjouan, La Saulsaie, et, au-dessous de ces grands instituts, les fermes-écoles qui existent dans plusieurs de nos départements, contribueront peu à peu à l'éducation tout à la fois pratique et théorique de nos futurs fermiers, tout comme Roville a autrefois déterminé les progrès agricoles du département de la Meurthe et la rapide adoption des instruments perfectionnés par les propriétaires et les fermiers du nord-est. C'est du moins un résultat qu'on doit vivement désirer, lorsqu'on songe à la profonde ignorance de beaucoup de nos cultivateurs, et qu'on peut espérer, lors même que dans les écoles les mieux organisées *on n'apprendrait guère qu'à apprendre* [2].

Beaucoup de baux sont de courte durée ; ils obligent seulement le preneur à garnir la ferme d'un bétail « suffisant » et à cultiver comme « un bon père de famille, » en se conformant aux « usages du pays. » De telles conditions présentent le très grave inconvénient de ne pas assez préciser les droits et les devoirs de chacun ; elles ont aussi l'extrême tort d'emprisonner le cultivateur dans le cercle étroit de la routine. Avec des baux de courte durée, le fermier ne peut jamais se livrer à aucun de ces travaux de longue haleine qui augmentent le rendement de la terre et en améliorent l'état foncier. Il peut tout au plus, comme dans les cas de culture triennale et d'engagements souscrits pour trois, six ou neuf ans, bien préparer le sol pendant la première période, en profiter la seconde et en abuser la troisième. Or, pour rendre une terre fertile, il faut souvent la labourer profondément, la marner, l'assainir, la drainer ; il faut toujours la fumer largement, la nettoyer des mauvaises herbes, la débarrasser des pierres trop grosses et des obstacles étrangers qui s'y trouvent. Ces travaux sont coûteux, et ils ne produisent pas immédiatement tout leur effet utile. Comment donc les entreprendre, si l'on n'a pas les ressources nécessaires, et si le temps manque pour en recueillir les fruits ? Puis, lorsqu'on est entré dans cette voie d'amélioration, et la terre devenant plus féconde, on peut vouloir s'écarter avec raison des habitudes locales pour modifier la culture d'après l'état du sol, d'après les besoins du bétail et du commerce, d'après la marche des saisons, pour demander à la ferme plus de céréales ou plus de fourrages, pour introduire une plante inconnue au pays, ou pour cultiver sur une large échelle des produits jusqu'alors bornés à de petites étendues. Comment agir de la sorte, si l'on n'a pas une liberté d'action assez large ?

Richesse relative, long bail, liberté d'action, telles sont les trois conditions indispensables à un bon fermier. Il y a (les dernières années du bail exceptées) solidarité complète entre les intérêts du fermier et ceux du propriétaire. Celui-là trouve un plus grand bénéfice, celui-ci une plus grande valeur foncière dans des champs qui deviennent, meilleurs. L'un et l'autre ne doivent-ils pas s'entendre pour concourir au même but ? La richesse dont le fermier dispose est la plupart du temps insuffisante ; on a rarement la bonne fortune de rencontrer des locataires qui, comme l'institut de Grignon, font par chaque hectare une avance de 1,000 francs, ou bien, comme M. Vallerand à Moufllaye (Aisne), élèvent successivement leur capital de 260 à 800 francs par hectare. Il faut cependant se défier de ces paysans trop pauvres pour organiser une bonne exploitation, et qui sont en si grand nombre dans les contrées de petite culture. Le code civil a beau accorder au maître, par l'article 2102, un privilège efficace sur le mobilier qui garnit sa ferme, on conviendra qu'il répugne de recourir aux saisies légales pour s'assurer le paiement du fermage. Et puis, en dehors de cette considération, comment le malheureux contre lequel on est réduit à exercer un pareil droit a-t-il pu soigner sa terre ? Les engrais, les travaux ont manqué, le sol a donc souffert, le propriétaire finira peut-être par se faire payer, mais la dépréciation de son domaine sera l'inévitable conséquence du désastre subi par le fermier. Celui-ci n'offrira donc de véritables garanties qu'autant qu'il sera *plus fort que sa terre*. Toutefois il est assez difficile d'indiquer avec précision quelles ressources il doit posséder : le chiffre en varie nécessairement selon les circonstances de sol, d'étendue, de débouchés, particulières à la ferme. Les départements qui entourent Paris et qui constituent l'ancienne Ile de France sont ceux où la charrue tend chaque jour à labourer de plus grandes surfaces et à exiger le concours de capitaux plus considérables. La moyenne culture semble y disparaître devant cette industrie rurale que les Anglais appellent le *high farming*. Aussi peut-on conclure de cet exemple que, plus le pays sera riche, plus riche également devra être le fermier.

La seconde règle à suivre, c'est de consentir au fermier un bail assez long. Autrefois l'assolement triennal était presque partout le seul en usage. Avec une combinaison aussi simple et aussi régulière, il n'était pas besoin de beaucoup de temps par devers soi[3]. Que le bail expirât au bout de trois, de six, de neuf ou de douze années, les choses restaient à peu près dans le même état. Une rotation semblable ramenait périodiquement, et dans une mesure presque fixe, des résultats identiques. Pourquoi alors s'enchaîner indéfiniment ? Quelle raison avaient d'aliéner pour une longue période le maître son domaine, et le fermier sa liberté ? Ne valait-il pas mieux, sous un pareil régime, conserver chacun le droit de se quitter à sa guise ? Aujourd'hui les exigences de la culture sont plus grandes, plus compliquées. La main-d'œuvre coûte plus cher, le fermage devient plus lourd, en même temps grandit l'amour du bien-être matériel. Pour satisfaire à ces besoins nouveaux, il faut gagner davantage, obtenir de la terre des récoltes plus riches et plus nombreuses. Il faut donc perfectionner les procédés de culture, multiplier l'énergie des agents de fécondité que conseillent l'antique expérience et l'industrie moderne. Or le temps est nécessaire pour cette œuvre. Aussi tous les agriculteurs intelligents exigent-ils, avant d'entrer sur une ferme, la signature d'un long bail, et bien abusés sont les propriétaires que d'étroites considérations rendent hostiles à cette juste demande. Ils repoussent ainsi le seul moyen de donner à leurs terres une plus haute valeur. Croit-on, par exemple, que M. Decauville, cet habile fermier dont l'exploitation a obtenu la prime d'honneur de Seine-et-Oise en 1858, aurait pu dépenser 32,000 francs de drainage, empierrer 10 kilomètres de chemins et construire une distillerie sur le domaine de son propriétaire, s'il n'avait pas eu un bail de vingt ans ?

On ne peut pas, nous le reconnaissons volontiers, aliéner pour un laps de temps indéfini, pour la vie d'un homme, le domaine qu'on possède. Le propriétaire perdrait, avec un tel engagement, les justes accroissements de fermage qu'il est en droit d'attendre de l'augmentation continue de la richesse publique et du développement de fécondité qu'une bonne culture doit imprimer à sa terre. Toutefois, entre le bail de trois, six ou neuf ans et le bail emphytéotique, il y a une large distance. Tout fermier qui ne dispose pas d'une quinzaine d'années au moins ne peut rien entreprendre de sérieux. La durée du bail peut même s'élever à vingt ou vingt-cinq ans dans plusieurs circonstances pour le mutuel avantage des deux parties ; toutefois le propriétaire qui se dépossède pour une aussi longue période a droit à quelques compensations. N'est-il pas équitable en effet que ses intérêts suivent, avec ceux du fermier dont il facilite la prospérité, une marche progressive [4] ?

Si le concours du propriétaire se borne à la longue durée du bail qu'il accorde, le fermage peut et doit être progressif, c'est-à-dire d'autant plus considérable que l'exploitation du sol dure depuis plus d'années. Dans ce système, le fermier fait à la terre les avances convenables, et il n'en paie un fermage plus élevé que lorsqu'il commence à en retirer un plus grand profit ; le propriétaire aliène ses droits pour longtemps, mais il touche comme dédommagement un revenu qui s'accroît avec la durée de l'aliénation. La progression dont il s'agit a cependant pour terme, on le conçoit, le maximum de fermage que peut raisonnablement payer l'exploitation du domaine parvenu à son maximum de fertilité. Lorsque le propriétaire prend à sa charge personnelle certains travaux qui, comme les constructions, le drainage, les plantations, la création des chemins, l'irrigation, etc., assurent au sol une valeur permanente, ou dont la durée doit persister au-delà de l'expiration du bail tout en augmentant les bénéfices immédiats de la culture, il a le droit d'exiger, outre le fermage, un paiement d'intérêts pour le capital dépensé de commun accord avec le fermier. C'est ainsi que dans la Brie et dans plusieurs autres provinces agissent pour le plus grand bien de leurs domaines des propriétaires riches et intelligents, et qu'on voit dans le Cantal de bons fermiers solliciter de leurs propriétaires, à semblables conditions, le drainage de terrains trop humides [5]. Lorsqu'enfin le fermier est plus riche que son propriétaire, l'inverse peut se présenter : les avances nécessitées par les grosses améliorations sont alors faites par le fermier, qui, s'il ne doit pas être remboursé à l'expiration du bail d'une partie de ses dépenses, en retrouve la compensation soit dans l'exemption d'un certain nombre d'années de fermage, soit dans un prix de location exceptionnellement bas. Toutefois cette dernière combinaison peut engendrer plus de fraudes, d'abus, ou tout au moins de mécontentements et de procès qu'aucun autre système. Le cultivateur commence par ne pas payer de fermage, ou ne payer qu'un fermage singulièrement en disproportion avec la valeur de la terre ; cependant exécutera-t-il dans les délais convenus les travaux qui lui incombent ? Les exécutera-t-il surtout assez scrupuleusement pour que le propriétaire puisse, après le départ de son fermier, retrouver dans la plus-value de la terre la compensation promise à ses sacrifices ? L'intérêt du propriétaire est toujours de faire solidement les travaux dont il accepte la charge. L'intérêt du fermier est au contraire de diminuer ses frais en limitant à la durée de sa jouissance la solidité probable des travaux qu'il accomplit. Une telle opposition entre les intérêts des deux parties n'est-elle pas pleine de dangers ? C'est également pour remédier à la pauvreté et à l'impuissance du propriétaire que le régime des *domaines congéables* était autrefois en vigueur dans la

Bretagne. Ce singulier contrat, tout en laissant au maître du sol sa propriété foncière, établissait en faveur du fermier la propriété positive des bâtiments dont, ce dernier payait l'érection. On ne doit pas s'étonner que les nombreuses difficultés engendrées par de telles complications aient peu à peu fait disparaître l'usage de ce contrat ; mais du moins il a servi à prouver qu'il ne faut posséder que ce que l'on peut entretenir en bon état, et que, la situation du propriétaire obéré s'aggravant toujours, il vaut mieux vendre en tout ou en partie la terre dont on est le propriétaire nominal que d'en laisser ainsi compromettre par une vaniteuse obstination la valeur ou le revenu.

Étant trouvé un fermier honnête, intelligent et riche, auquel on doit consentir un long bail, nous supprimerions volontiers dans la rédaction de ce bail plusieurs des conditions banales qui se lisent encore dans certains actes de cette nature. Cultiver en bon père de famille, suivre l'assolement en usage, etc., que précisent toutes ces Clauses, et qu'ont-elles au fond de sérieux ? Si l'intelligence et la fortune du fermier offrent des garanties suffisantes, pourquoi lui lier les mains et le restreindre à tel procédé, à tel genre de culture, qui peuvent en définitive être très inférieurs à ceux qu'il aurait introduits ? La troisième règle à suivre est d'abandonner au fermier son entière liberté d'action, sauf à prendre quelques mesures de prudence. Ces mesures, les voici : le fermier devra assurer contre l'incendie son matériel d'exploitation, ses bestiaux et ses récoltes ; il ne pourra ni arracher les bois ou haies reconnus utiles, ni anticiper sur les époques de coupe qui sont admises par le bail ; il ne pourra jamais vendre de fumiers, ni défricher les prairies naturelles qui existent ; il devra entretenir sur le domaine un effectif d'animaux dont le minimum est à déterminer d'après l'importance et les conditions culturales de la ferme, comme aussi soigner les arbres à fruits qui existent sur sa terre, et en effectuer le remplacement d'accord avec le propriétaire, à qui seul reviendront les arbres morts. Enfin il ne pourra, pendant les quatre dernières années du bail, vendre ni pailles, ni fourrages, ni cultiver en plantes industrielles plus d'un nombre d'hectares fixé d'avance. Il devra également laisser à son successeur un minimum convenu de pailles, de fourrages, de terre en jachère et de prairies artificielles d'âges différents, et lui permettre en outre d'ensemencer en herbes fourragères qui ne seront point pâturées une certaine partie de ses dernières céréales.

Est-il besoin d'expliquer longuement l'esprit de ces clauses ? Elles ont pour but d'empêcher le fermier d'appauvrir sa terre ; elles lui laissent toutes les latitudes désirables, même celle de vendre pendant quelque temps des pailles et des fourrages, si le voisinage d'une ville, en lui permettant d'acheter en échange des fumiers et des engrais, lui rend avantageuse une telle opération ; elles assurent la transition de la ferme en bon état de fourrages et de fumure entre les mains du successeur, et elles conservent toujours la valeur du gage mobilier, qui répond au propriétaire de ses fermages. Or, ces résultats obtenus, pourquoi entrer dans d'autres détails et gêner le cultivateur en lui imposant certains assolements et certaines méthodes ? Les clauses qui précèdent et l'article 1766 du code civil font au propriétaire une position suffisamment rassurante, et, en cas d'abus, lui facilitent parfaitement la résiliation dès qu'il se croira en droit de la demander.

Quant au fermier, auquel il est juste de penser aussi, nous lui conseillons, s'il veut entrer dans une voie d'améliorations sérieuses, la clause que Matthieu de Dombasle avait insérée dans son bail de Roville, en l'empruntant à lord Kames. Cette clause stipule pour le fermier, le droit de prolonger la durée de sa jouissance, s'il offre au propriétaire une augmentation quelconque sur le fermage primitivement consenti, et elle impose au propriétaire, en cas de refus, une indemnité proportionnelle (non pas égale) à l'augmentation offerte. Avec cette combinaison, le fermier, toujours maître de son avenir, peut signer un bail plus court et cependant s'assurer le remboursement des avances faites à ses champs. La terre voit trop développer par une culture énergique sa fécondité naturelle pour qu'un propriétaire ne s'estime pas heureux qu'on lui soumette de pareilles offres, et comme les bons cultivateurs font la richesse des propriétaires, ceux-ci doivent à leurs fermiers des garanties analogues à celles qu'ils en exigent. Au reste, il importe également au propriétaire et au fermier de ne pas attendre l'expiration de l'engagement antérieur pour souscrire un contrat nouveau. À ce moment, le fermier dont la jouissance cesse a dû négliger le plus possible la terre qu'il va quitter. Le propriétaire pour obtenir un fermage plus, fort, le fermier pour trouver des champs meilleurs, — achetât-il cette certitude par une somme d'argent payée au cultivateur sortant, qu'il remplace alors avant la fin de son bail, — ont donc intérêt l'un et l'autre à prendre d'avance toutes leurs précautions.

Quoique déchargé de la gestion matérielle de sa ferme, et sans titre pour intervenir dans l'exploitation tant que celle-ci reste conforme aux conditions souscrites, le propriétaire doit cependant conserver des rapports avec son immeuble, soit par quelques voyages, soit par une résidence fréquente dans la maison de campagne qu'il aura pu se réserver. Il hésitera de la sorte moins souvent à faciliter par quelques avances d'argent certaines opérations qui doivent en définitive tourner à l'avantage commun. Il instruira son fermier des procédés qui donnent ailleurs des résultats profitables ; il l'engagera doucement à tenter quelques améliorations auxquelles même il offrira de contribuer, et peut-être obtiendra-t-il ainsi, non pas seulement sur son domaine, mais encore dans le voisinage, une juste influence qui a bien son prix. C'est par de tels services que l'on acquiert un ascendant sérieux sur l'esprit un peu jaloux et un peu mesquin des populations rurales. Le fermier qui ne voit son propriétaire que pour compter entre ses mains les termes du fermage ne doit pas nourrir pour lui des sentiments bien dévoués. Le propriétaire qui ne voit dans la terre qu'un placement d'argent, une source de revenus, et n'entretient pas avec elle d'autres rapports, ne peut guère s'intéresser aux hommes qui cultivent. Il naît donc de cet éloignement le même désaccord que de l'absentéisme irlandais. Le fermier croit trouver dans son propriétaire, le propriétaire croit trouver dans son fermier une sorte d'ennemi naturel, et la terre, qui leur devrait servir de lien mutuel, devient entre eux une cause de dissension. Quant aux conséquences morales d'un pareil désordre, tout le monde les connaît, tout le monde en apprécie la gravité. L'influence se déplace ; elle passe du propriétaire absent aux mains des hommes qui savent exploiter habilement ce germe fatal d'antagonisme. Puis, quand viennent des jours de crise, on s'étonne de trouver l'indifférence, l'hostilité même sur son propre sol ! Mais a-t-on le droit de demander autre chose que le paiement du fermage là où l'on n'a guère montré que sa quittance, là où l'on n'a jamais semé ni bienfaits ni travail ?

## Section II

Quoique l'exploitation par un fermier soit, pour le propriétaire qui ne veut ou ne peut cultiver lui-même, le mode le plus simple et celui qui procure le revenu le plus régulier, il est plusieurs situations agricoles qui ne se prêtent pas au fermage. Tantôt le pays où se trouve le domaine n'est habité que par des familles trop pauvres pour suffire avec leur propre capital à toutes les exigences de la terre, pour offrir par conséquent toutes les garanties désirables ; tantôt les voies de communication avec des débouchés importants sont si difficiles, les conditions climatériques ou culturales de la contrée multiplient dans une proportion si grande les chances mauvaises de la végétation, qu'aucun cultivateur ne veut s'exposer aux dangers et aux mécomptes de telles entreprises. Tantôt encore, mais plus rarement, le propriétaire lui-même, croyant que les bonnes années seront les plus nombreuses, sans oser cependant assumer sur lui seul les frais énormes de main-d'œuvre qu'exigent certaines cultures, contribue à entretenir chez lui et autour de lui l'habitude du métayage. La Corse, la Corrèze, les Bouches-du-Rhône, la Gironde, etc., qui comptent un nombre considérable de métayers, peuvent être citées comme exemples de ces diverses conditions. En France, ce mode d'exploitation subsiste principalement dans nos provinces pauvres et dans les régions où domine la culture arbustive des oliviers, des mûriers et des vignes, là où les récoltes exigent des soins multiples et si minutieux que ni propriétaires ni fermiers n'aiment à courir tous les risques. Cette première remarque, relative à la situation géographique du métayage, donne en même temps une idée de la force de persistance inhérente à ce système. Le métayage résulte de la nature même des choses, et il ne peut être changé que bien lentement, et par suite de l'accroissement de la richesse publique. Le développement des voies de communication et de l'industrie générale, l'augmentation de capital qu'entraîne ce développement, tels sont les seuls remèdes pratiques, les seuls qui puissent opérer d'une manière certaine et durable. Aussi trouvons-nous bien plus de fermiers que de métayers dans les départements de l'Aisne, de l'Aube, de l'Eure, d'Eure-et-Loir, de la Loire-Inférieure, etc., dont les conditions agricoles sont plus régulières que celles qui règnent dans le midi de la France.

À première vue, le métayage semble être le *summum* de la perfection économique dans la solidarité qui unit les intérêts du cultivateur et les droits du propriétaire. L'un et l'autre, avec ce genre de contrat, souscrivent une véritable association, et s'unissent par une sorte de lien qui procède de la chose mise en commun entre eux. On sait de quel amour vrai la plupart des propriétaires chérissent la terre qu'ils possèdent : comment ne s'attacheraient-ils pas un peu à ceux qui vivent sur cette terre, de cette terre et pour cette terre ? Et puis, le métayage résultant principalement de la difficulté du louage pur et simple, les changements de personnes sont, dans les provinces qui le pratiquent, beaucoup plus rares que partout ailleurs. Nul ne vient du dehors faire concurrence aux habitants du pays. Les acquéreurs nouveaux ne se présentent pas volontiers, parce qu'il s'agit là d'un genre d'exploitation qu'ils ignorent et qu'ils redoutent ; les entrepreneurs étrangers ne viennent guère davantage, parce que tout homme qui possède un capital médiocre, avec un peu d'intelligence et d'énergie, préfère l'indépendance du fermier à la demi-domesticité du métayer. Aussi ce sont d'ordinaire les mêmes familles qui possèdent et les mêmes familles qui cultivent les mêmes terres de temps immémorial dans les pays de métayage. Intimité plus grande, juste solidarité et partage proportionnellement équitable des produits obtenus par un commun concours, tel est le beau côté du métayage [6].

Malheureusement ce mode de culture a de graves inconvénients. C'est, pour le propriétaire, une perpétuelle incertitude du revenu, pour le fermier une fréquente tentation d'improbité, et pour le pays une répugnance presque insurmontable du propriétaire et du cultivateur à faire au sol les généreuses avances qu'exige toute bonne exploitation. L'incertitude du revenu n'est pas un inconvénient qui doive être regardé comme minime. L'importance de la part perçue par le possesseur du sol dépendant chaque année de la masse des récoltes et du prix qu'on en obtient, la différence peut, lorsque surtout il s'agit de produits aussi variables que le vin, la soie, etc., devenir excessive. Comment, dans cette situation, organiser un budget régulier et amortir par des économies faites pendant les bonnes années les pertes éprouvées pendant les périodes mauvaises ? Évidemment on flotte toujours entre une avarice et une prodigalité également fâcheuses. D'ailleurs le métayer ne paie pas en argent ses redevances ; le plus souvent il livre en nature au propriétaire la part qui revient à ce dernier. Celui-ci supporte donc l'ennui et les risques de la vente des denrées ou animaux dont il dispose. Ordinairement il est moins habile à discuter les prix, moins enclin par son éducation et ses habitudes à employer les ruses, les supercheries commerciales qui sont assez familières au paysan ; il subit alors dans les marchés qu'il consent un nouveau préjudice. On conviendra sans doute que de telles nécessités et de telles alternatives ne sont bonnes pour personne, qu'elles nuisent aux progrès de la richesse sociale, et maintiennent dans une position difficile les familles qui ne peuvent s'y soustraire.

La situation matérielle du métayer est incontestablement plus régulière. Il vit sur la ferme des produits qu'il récolte, sans réaliser, il est vrai, de gros bénéfices qui lui permettent d'améliorer beaucoup son sort et de se faire une condition plus libre, mais aussi sans aventurer et perdre jamais assez pour se trouver entièrement ruiné, car il est bien rare qu'en cas d'extrême malheur le propriétaire n'intervienne pas un peu. Cette généreuse intervention est d'ailleurs d'autant plus fréquente que, le petit propriétaire cultivant presque partout lui-même son héritage, le métayage se rencontre principalement sur les grands et sur les moyens domaines, c'est-à-dire sur ceux qui appartiennent à des hommes ordinairement assez riches pour aider leurs colons dans les cas d'extrême détresse. Pour tout dire, le métayer est un ouvrier tout à la fois indépendant, domestique, spéculateur, entretenu par son maître, qui achète la sécurité par le renoncement aux grands succès, mais qui dans cet état de choses même trouve et conserve une médiocrité presque conforme à ses goûts.

Nous avons dit que le métayage n'avait pas toujours sur la probité des paysans une influence très favorable. Un agronome qui connaissait bien certaines contrées soumises à ce mode de culture, et qui d'ailleurs s'est occupé avec une profonde et savante attention de tout ce qui concerne l'économie rurale, M. de Gasparin, croit au contraire « qu'il est difficile de trouver une classe plus généralement honnête que celle des métayers, et que ceux-ci, par leur exemple, agissent avantageusement sur les prolétaires. » Quelque respectable que soit l'autorité de ce bienveillant témoignage, un grand nombre des propriétaires qui habitent les pays de métayage se plaignent de la nécessité où ils se trouvent de présider activement eux-mêmes au partage des récoltes, et se félicitent du grand service que le battage mécanique est appelé à leur rendre en abrégeant et en facilitant leur surveillance. Or ce n'est pas seulement dans les questions de partage que la probité du métayer peut être tentée. Il doit tout son temps et tout le travail de ses animaux à la ferme qu'il exploite ; cependant si le propriétaire est absent, et qu'une occasion de charroi ou de travail extérieur à prix d'argent se présente, refusera-t-il toujours ? Apportera-t-il à soigner les récoltes dont profite son maître autant de conscience qu'il montre de zèle à bien entretenir et à étendre les petites cultures jardinières ou le chanvre dont il profite seul ? S'il est, en même temps que métayer, propriétaire d'un terrain voisin, ne demandera-t-il jamais en cachette au fumier et aux instrumens de la métairie un concours illicite ? Ne grossit-il pas, sous le moindre prétexte, la portion qui lui revient ? Et si dans la ferme il y a quelque bétail dont il doive toucher plus de profits, ne sacrifie-t-il pas tout ce qui est commun entre son maître et lui à ce qui lui est particulièrement avantageux ? C'est ainsi que dans un troupeau se reconnaissent tout de suite, à leur état prospère, les bêtes dont le propriétaire a quelquefois le tort de tolérer l'introduction par le métayer à son profit personnel. Il faut avouer que de pareilles tentations sont incessantes. Pour y obvier, comme aussi pour diriger, non pas les détails d'exécution, ce qui serait un abus, mais l'organisation générale des choses, le propriétaire n'a pas d'autre moyen à employer qu'une surveillance active, c'est-à-dire la résidence. Or celle-ci peut ne pas se concilier avec les goûts et les besoins de tout le monde.

    Le plus triste côté du métayage au point de vue économique, c'est sans contredit la mauvaise influence qu'il exerce sur la culture du sol. Sous ce rapport, il est une plaie regrettable, dont souffre dans le développement de sa richesse la société qui le pratique. En toute circonstance, pour consentir à l'emploi d'un capital quelconque comme pour se déterminer à un travail pénible, il faut avoir, sinon la certitude, au moins l'espoir fondé d'en retirer profit. Si ce profit doit être partagé avec un étranger, fût-il le propriétaire ou le cultivateur du sol que l'on exploite, l'amour du travail diminue, le goût des avances s'affaiblit dans la proportion même du partage qui doit avoir lieu, et les soins donnés à la métairie se ressentent de la mauvaise volonté des deux parties contractantes. On fait ce qui est indispensable pour sauvegarder, celui-ci son domaine, celui-là sa position ; mais chacun de son côté s'en tient là. Quant à ces travaux extraordinaires qui changent notablement, qui améliorent l'état de la terre, tous deux les évitent, bien que chaque associé s'ingénie à faire exécuter par l'autre la spécialité de dépenses ou d'efforts qui lui incombe. Le métayage reste donc exclusivement conservateur, grâce à la jalousie et à l'exigence mutuelles des deux intéressés. Lors même qu'il suffirait d'agrandir les bâtiments, de drainer la terre, de multiplier les labours ou d'entreprendre un tout autre travail pour amener dans les résultats financiers de l'œuvre commune une sérieuse augmentation de bénéfices, ni le propriétaire ni le métayer n'ont d'intérêt à consentir une certaine avance qu'autant que la moitié de profit perçue par chacun représente une quotité supérieure à ce que produirait tout autre mode de placement, ce qui est presque toujours impossible. Calculée ainsi, la condition faite par le métayage à celle des deux parties qui consent à un surcroît de charge quelconque, sans que l'autre partie se soumette de son côté à une charge mathématiquement égale, devient trop peu attrayante pour qu'elle soit fréquemment acceptée. Telle est la règle générale. Aussi doit-on signaler à l'attention et à l'étude du public les heureuses exceptions qui se sont quelquefois produites. La plus remarquable que nous connaissions est sans contredit celle que, dans le département de la Loire-Inférieure, présente M. Liazard. Cet habile agriculteur s'installa, en 1851, à Tréguel-en-Guéménée sur un domaine de 260 hectares, porté, par des acquisitions ultérieures, à l'étendue actuelle de 303 hectares. La terre de Tréguel donnait à peine 3,000 francs de rente, en ruinant tous les colons et tous les propriétaires qui se succédaient sur ses landes ingrates. Grâce à son énergie, grâce à son habileté, M. Liazard en retire aujourd'hui 9 ou 10 pour 100 des sommes qu'il a consacrées à l'amélioration ou plutôt à la transformation de ce domaine. Les métayers rebelles au progrès ont été renvoyés ; ceux qui, en 1852, lui payaient seulement 1,392 francs de redevance, gagnent maintenant assez pour lui compter, depuis 1856, une part qui excède 11,000 francs de revenu annuel. Tréguel, qui valait 191,000 francs à l'origine, est aujourd'hui estimé au moins

480,000 francs. On conçoit que ces résultats aient fait décerner à M. Liazard la prime d'honneur de 1859 ; mais on conçoit aussi qu'une situation aussi brillante garde un caractère exceptionnel. De tels succès ne peuvent s'obtenir que sur des terres capables de bien répondre à de très riches avances. Or ce sont précisément ces conditions qui manquent le plus souvent aux pays de métayage. Le Maine et l'Anjou, dont l'état prospère doit être rappelé quand on traite une semblable question, ne présentent pas, malgré tous leurs progrès, d'exemple qui puisse être comparé à celui de M. Liazard.

Il ne faut donc pas s'étonner que, dans les contrées de métayage, l'agriculture reste stationnaire, que la condition des propriétaires y soit incertaine, celle des cultivateurs médiocre, et que les bras et les capitaux étrangers s'en tiennent obstinément éloignés. Les fermière ne viennent pas du dehors se soumettre à de telles conditions économiques et culturales ; les métayers ne sont ni assez riches ni assez industrieux pour se transformer tout de suite en fermiers ; les propriétaires sont souvent eux-mêmes trop pauvres pour subvenir aux charges de l'exploitation directe ; enfin les bras restent rares, parce que le métayer, travaillant avec toute sa famille, est le cultivateur qui emploie le moins de journaliers. En présence de semblables difficultés et du mauvais vouloir qu'inspire presque partout le changement même motivé des habitudes locales, on ne doit pas se laisser aller trop vite à de dangereuses tentatives. Il faut sortir du métayage : tel est le but à poursuivre ; mais pour cela il faut aider les métayers à s'enrichir peu à peu, les former en les instruisant à une vie nouvelle, et leur faire ensuite les avances nécessaires, ou attirer par des avantages considérables les fermiers des pays voisins, ou enfin aborder l'exploitation directe avec une puissance de capital suffisante. Ce sont les seuls moyens pratiques ; malheureusement ils se fondent sur deux auxiliaires dont il est bien rare qu'on soit assez maître : le temps et l'argent. Cependant le métayage tend à diminuer. Il disparaîtra lentement, parce qu'il a ses raisons d'être et de persister là où il subsiste encore ; mais il est fatalement condamné à disparaître au fur et à mesure que s'élèvera le niveau de l'instruction et de la richesse publique. C'est donc un système de transition qu'il faut parfois subir, toujours chercher à dépasser pour en arriver au louage pur et simple, mais ne jamais introduire là où il n'existe pas.

Au point de vue agricole, telle est la vérité. Au point de vue social néanmoins, le métayage ne se recommande-t-il pas par les liens plus intimes qu'il permet d'établir entre le cultivateur et le propriétaire ? L'obligation pour celui-ci de surveiller son domaine, plus fréquente et plus étroite dans le métayage que dans le louage pur et simple, devrait être mise à profit par les hommes intelligents pour ressaisir en partie l'influence que les classes riches laissent trop échapper aujourd'hui. Malheureusement beaucoup de pays de métayage sont des pays pauvres, et qui par conséquent n'offrent point un attrait suffisant aux familles qui jouissent d'une certaine fortune. Dans les contrées où le métayage est appliqué à de grands domaines, le désaccord des cultivateurs et du propriétaire est devenu plus grave que dans celles où la métairie ne compose qu'une ferme de moyenne étendue. Aussi est-ce dans les provinces centrales, où les terres se sont le moins divisées, dans le Bourbonnais et le Berri par exemple, que nous pourrions trouver quelque image adoucie de l'absentéisme irlandais avec son triste cortège de *middlemen* et de désaffection profonde. Sur les propriétés moyennes, les rapports restent plus fréquents entre le colon et le maître, parce que la résidence de ce dernier est ordinairement plus voisine de la métairie, et que la distance sociale qui sépare les deux intéressés est moindre. C'est cet heureux séjour du maître sur ses domaines qui, dans l'Anjou et dans le Maine, où cependant existe le métayage, a partout imprimé à l'agriculture un si fécond mouvement. Tandis qu'ailleurs, par suite, de l'éloignement du propriétaire, le métayage laissait les terres pauvres et les hommes ignorants, ce même système a produit exceptionnellement dans ces provinces une sorte de régénération.

En général, les métayers, étant plus pauvres que les fermiers et surtout plus rapprochés de l'état de domesticité, jalousent davantage l'aisance relative dont jouit le propriétaire du sol. S'ils n'ont encore ni la fierté, ni l'active énergie du fermier, ils ont malheureusement perdu la faculté de se dévouer pour leur maître. On doit se féliciter que l'homme ait acquis partout une plus haute idée de sa valeur personnelle ; mais l'individualisme n'en est-il pas aussi venu à un point excessif, et les liens de la famille territoriale ne se relâchent-ils pas trop, comme les liens de la famille naturelle ? Les classes supérieures peuvent se reprocher une grande partie du mal dont elles se plaignent. Les villes aujourd'hui absorbent avec une telle puissance les bras, les capitaux et les produits de la campagne, sans renvoyer à celle-ci, dans une proportion suffisante, les encouragements, les secours et les engrais dont elle a besoin, que la vraie richesse et la force du pays peuvent souffrir de ce manque d'équilibre. Le salut doit venir d'où provient le mal. C'est dans le retour des familles riches à une vie plus active et surtout à des mœurs plus rurales qu'il est permis de le trouver.

## Section III

Dans les régions où se maintient encore le système du métayage, comme dans celles où se trouvent avec assez de facilité des fermiers suffisamment riches, il existe un certain nombre de petits propriétaires qui, liés intimement au travail des champs par leurs habitudes traditionnelles, exploitent eux-mêmes les terres qu'ils possèdent. Si leur propriété ne peut pas subvenir à l'entretien de leur famille, ils demandent à quelques occupations extérieures ou à une industrie supplémentaire le surcroît de ressources dont ils ont besoin. Si leur domaine est plus considérable, ils se font aider par leurs enfants ou par quelque ouvrier auxiliaire. Heureux le pays qui, comme la France, compte un grand nombre de tels habitons enchaînés au sol natal et à la défense de l'ordre par leur travail et par leur fortune ! A côté de ces braves cultivateurs, dont les procédés agricoles se rapprochent nécessairement du jardinage, il existe aussi de grands et de moyens propriétaires. Ce sont ceux-là qui louent leurs terres à des fermiers ou les confient à des métayers. Ils peuvent cependant être quelquefois amenés par leurs goûts ou par la nécessité à s'occuper eux-mêmes de la culture des champs qu'ils abandonnaient jusqu'alors à des soins étrangers. Dans quelles circonstances doivent-ils prendre une semblable détermination ? Quelles conditions doivent-ils trouver autour d'eux et personnellement remplir pour espérer le succès ? C'est ce qu'il nous reste à étudier.

Dans l'état actuel de l'Europe, l'exploitation directe par les grands propriétaires n'est la règle commune que pour les pays où la pauvreté des habitants et la civilisation très incomplète rendent le louage difficile. Si en France les petits propriétaires cultivateurs se rencontrent partout et se trouvent d'ordinaire en majorité dans nos départements les plus pauvres (Basses-Alpes, Hautes-Alpes, Corrèze, etc.), les propriétaires cultivant eux-mêmes des fermes assez étendues ne forment qu'une très faible exception. De tels exemples sont moins rares en Angleterre, en Allemagne et dans quelques pays où l'amour de la campagne et des choses rurales demeure plus vivace. Il faut regretter profondément que nos habitudes sociales, l'excessif développement de notre centralisation administrative, et d'autres causes récentes ou anciennes, éloignent si souvent de l'agriculture les classes mêmes que leur instruction et leur fortune rendraient chez nous les plus utiles au progrès agricole. Qu'y a-t-il d'ailleurs de plus juste en soi, de plus favorable au- bon accord des diverses fractions de la société que la longue résidence du propriétaire sur son domaine ? L'absentéisme aboutit en définitive à l'exportation de la richesse loin des lieux où elle se crée ; il est pour beaucoup dans la misère de l'Irlande et dans la haine mutuelle que se sont vouée en ce malheureux pays les familles qui possèdent le sol et celles qui le labourent. Sans avoir jamais à craindre pour la France de tels excès, sans dissimuler aussi tous les soins qu'exige la bonne direction d'une ferme, nous conseillerions volontiers la vie et l'industrie rurales à beaucoup de gens, qui y trouveraient certes plus de vrais plaisirs et de saines conditions morales et matérielles qu'on ne l'imagine.

Le résultat financier de l'entreprise sera-t-il toujours brillant ? On ne saurait l'affirmer. Les gros profits, en agriculture comme dans toute autre industrie, ne répondent qu'à des ressources jusqu'alors inconnues et à de puissants efforts. Dans les riches plaines de la Limagne comme dans les grasses campagnes qui entourent Lille, en Brie comme dans les environs de Caen, partout, en un mot, où d'anciens travaux et d'heureuses circonstances ont déjà porté presque au maximum la fertilité du sol, la terre se vend et se loue aussi cher que le permet la somme de produits qu'on lui peut arracher. Evidemment il reste bien peu de progrès à introduire sur de tels domaines ; on s'explique ainsi que les contrées qu'on vient de nommer soient à peu près exclusivement exploitées par des fermiers. Les succès exceptionnels sont réservés aux améliorations exceptionnelles, c'est-à-dire à ces énergiques travaux qui s'exécutent dans des conditions agricoles dont l'ignorance et la pauvreté générales n'avaient pas encore permis d'utiliser toute la puissance. Dans les situations intermédiaires, il est d'autant plus difficile d'élever le chiffre des bénéfices, que l'on trouve plus développées autour de soi la richesse publique et l'intelligence. Quoi qu'il en soit, les champs ne sont ingrats nulle part ; ils rendent en raison de ce qu'on leur donne. C'est au propriétaire qu'il appartient de mesurer ses avances aux récoltes probables. Ni M. Sarrauste sur ses sauvages montagnes du Cantal, ni M. Trochu sur son domaine de Belle-Ile-en-Mer, ni tant d'autres hommes dont nos concours régionaux signalent chaque année les pacifiques victoires, n'auraient pu faire accomplir par un fermier les fructueux travaux auxquels ils doivent l'augmentation de leur fortune. Dans toute grande entreprise, il subsiste en effet un côté aléatoire et une nécessité d'assez longue attente auxquels le plus souvent des fermiers auraient tort de souscrire. Leur métier n'est pas de faire la fortune des autres en risquant leur propre épargne ; il est de gagner de l'argent en courant le moins de dangers possible. Quand donc il s'agit de terres à mettre ou à remettre en bon état de culture, le propriétaire n'a d'autre parti à prendre que d'aborder directement son œuvre, s'il ne veut pas consentir à des conditions largement avantageuses pour l'entrepreneur qui assumerait sur lui les risques de l'affaire.

Si les multiples détails et la régulière surveillance qu'entraîne une exploitation rurale répugnent trop à certains esprits, on a la ressource de la régie, c'est-à-dire de ce système mixte qui consiste à confier tous les soins à un tiers avec lequel on s'est préalablement entendu sur le but à atteindre et sur les capitaux à dépenser. Le nombre de riches familles qui sont exposées par la rigidité, honnête ou non, de leurs régisseurs aux mauvais sentiments des populations qui les entourent ne nous parle guère en faveur des régies. Il ne faut pas d'ailleurs se dissimuler, en laissant hors de cause la fidélité des intendants, qu'un tel mode d'exploitation est applicable seulement aux grandes fermes, puisqu'il entraîne, outre les frais ordinaires, les frais de la régie elle-même, et qu'on ne trouve pas encore en France, pour l'appliquer d'une manière utile, beaucoup de sujets convenables. Le bon régisseur est peut-être actuellement celui des employés qu'on rencontre le plus difficilement. Nos mœurs et la médiocrité presque générale des fortunes n'ont guère permis la formation d'une classe intermédiaire d'hommes qui possèdent tous les talents nécessaires pour exercer l'agriculture avec succès et se destinent néanmoins à rester de simples contre-maîtres. En outre, la position un peu fausse des régisseurs, qui ne sont à leur place ni dans le château avec les maîtres, ni dans les communs avec les domestiques, ni dans les écuries avec les laboureurs, nuira toujours chez nous au développement et au perfectionnement de cette classe. En France, nous ne sommes pas faits pour les situations ambiguës ; nous ne savons ni les bien diriger ni les bien accepter. Les positions intermédiaires sont faciles dans les hiérarchies militaire, administrative, commerciale et industrielle, parce que les heures de contact sont limitées, et que dans les villes les résidences sont séparées et les sociétés indépendantes. À la campagne au contraire, l'isolement de la ferme multiplie les rencontres, les rapports, les difficultés de conduite. Or, pour être un bon régisseur, il faut non-seulement bien savoir l'agriculture, mais la pratiquer avec autant de prudence et de sollicitude que s'il s'agissait de la gestion de ses propres intérêts ; il faut enfin avoir assez de tact pour rester en toute occasion et à égale distance l'employé du propriétaire et le supérieur des autres agents. Évidemment de tels hommes sont rares. S'ils ont des ressources suffisantes, ils préfèrent prendre une ferme à leur propre compte, et si leur famille manque du capital nécessaire pour les établir, ils n'auront probablement guère eu l'occasion d'apprendre sérieusement leur métier, le nombre des domaines exploités par voie de régie n'étant pas assez considérable chez nous pour que les jeunes gens étudient l'agriculture en vue d'emplois aussi éventuels. Que l'on consulte à ce sujet les distributions de primes et de médailles faites tous les ans dans les concours et les comices aux cultivateurs qui ont su réaliser économiquement les améliorations les plus importantes. Propriétaires, fermiers, serviteurs les plus modestes, tout le personnel de l'agriculture figure sur ces listes glorieuses, et cependant combien de régisseurs y voit-on cités par leurs maîtres ?

Le régisseur a besoin d'une grande autorité. Sans contrarier son action par des contre-ordres importuns, le propriétaire foncier doit maintenir sa gestion dans les limites résolues tout d'abord, stimuler incessamment son zèle, reconnaître ses bons services par de bons procédés, l'intéresser enfin directement au succès par une part quelconque dans les bénéfices. Toutefois la régie, par cela même qu'elle suppose un propriétaire très riche, ne tend pas toujours à se préoccuper assez du résultat financier de l'entreprise. Le mieux serait alors de procéder par une exploitation personnelle et directe, avec la seule complication d'un homme de confiance, maître-valet intelligent qui remplace le propriétaire quand celui-ci s'absente, et organise en sous-ordre les détails pendant tout le temps que le propriétaire réside sur son domaine. La plupart des fonctions du régisseur appartiennent également au maître-valet ; on peut se reposer sur lui des ennuis et des détails auxquels, tout en les vérifiant, on ne veut pas quotidiennement s'astreindre [7]. Il n'en travaille pas moins manuellement comme les autres ouvriers de la ferme, concerte davantage avec le propriétaire l'ensemble et la suite des opérations auxquelles il concourt. Il occupe une position plus subalterne, il a reçu une éducation plus sommaire : il a donc besoin et il accepte d'être surveillé et dirigé lui-même dans la direction qu'il transmet, d'où il résulte pour le chef suprême une préoccupation plus sérieuse, une attention plus suivie, et cette obligation est excellente en ce qu'elle attache plus intimement le propriétaire à la vie rurale et prolonge son séjour à la campagne. Les travaux agricoles de MM. de Tracy, de Kergorlay [8] et de beaucoup d'autres ne les retiennent pas toute l'année sur leurs domaines. Cependant les *vacances* du propriétaire autorisent toujours chez les ouvriers quelque ralentissement de zèle et quelques petits gaspillages dans l'emploi des choses. C'est donc, en fin de compte, une sorte de balance qu'il s'agit tout simplement d'établir entre la perte à supporter et les ressources dont on dispose pour couvrir cette cause volontaire de déficit.

Une des tentations auxquelles doit surtout résister le propriétaire qui devient cultivateur, c'est celle des succès officiels et de l'éclat éphémère des cultures d'apparat. Les primes et les médailles ne sont pas méprisables, et le choix de nos exemples parmi les lauréats des primes d'honneur prouve que nous apprécions l'autorité morale que confèrent ces nobles récompenses ; mais il ne faut pas oublier que, pour les obtenir, on entre souvent dans la voie dangereuse des frais inutiles et des efforts vaniteux. À quoi bon faire admirer au public les dispositions monumentales d'un bâtiment trop coûteux,

## Section III

la finesse précieuse d'un animal de parade, le ridicule vernis d'un matériel de fantaisie ? Ce que coûtent ces puériles inutilités serait mieux dépensé en travaux productifs, en agents de fertilité. On ne doit s'engouer non plus ni pour telle race de bétail, ni pour tel assolement, ni pour telle méthode. Et qu'on nous permette, à ce propos, d'entrer au cœur même de la question. Lorsqu'un homme qui s'est peu occupé d'agriculture pratique prend enfin la détermination de diriger la culture de ses terres, il obéit trop souvent, si ce n'est à une idée fixe, du moins à une préférence que ses lectures ou son esprit lui ont inspirée d'une manière un peu abstraite. Au lieu de consulter exclusivement le climat, le sol, les conditions économiques du pays où le domaine se trouve situé, il se préoccupe outre mesure de ses idées théoriques. La jachère, humble mais parfois utile, est traitée de routine et abandonnée là où elle devrait rester quelque temps encore la base de tout progrès ; les races communes d'animaux domestiques sont méprisées et tenues pour peu dignes d'une culture intelligente ; on introduit le durham et le dishley là où ne peuvent vivre que de rustiques aubrac et de sobres solognots ; on veut, en un mot, par un zèle intempestif, arriver du premier coup à la perfection [9]. Là est le danger, car c'est le bénéfice et non pas la perfection théorique qu'il faut poursuivre. Que l'on consulte à cet égard, en même temps que l'expérience personnelle, les rapports publiés tous les ans sur les primes d'honneur des concours régionaux. Où rencontre-t-on le succès, où admire-t-on le profit ? N'est-ce pas sur les domaines que leurs propriétaires ont successivement amenés d'un état médiocre à un état passable, d'un état passable à un état fertile, en se contentant tout d'abord de faire du fromage dans le Cantal, du blé dans la Beauce, et du vin dans le Médoc ? Nous ne saurions jamais assez recommander l'étude des lois naturelles du pays que l'on habite. Dans un terrain humide, on commence par le drainage ; dans un terrain privé d'éléments calcaires, on commence par le marnage. Si le sol se couvre d'herbes facilement, on le transforme en pré ; s'il se dessèche de bonne heure, on se contente de seigle, et on ne lui demande pas du blé. Les semis d'arbres résineux ou d'essences à feuilles caduques permettent de fixer les sables, d'utiliser les terrains dépourvus d'humus. On ne sème de betteraves et on ne plante de houblon que dans les contrées où se trouvent assez de bras pour satisfaire à toutes les exigences de telles cultures. La main-d'œuvre manque-t-elle : on a recours aux céréales qui nécessitent moins de travail, et surtout aux animaux qui vont eux-mêmes chercher leur nourriture et porter sur les marchés lointains la plus-value dont ils se sont chargés. Quant à ces cultures jardinières et à ces divers produits qui réclament tant de soins, dont la vente exige le voisinage des grands centres de population, nous ne les conseillerons jamais aux propriétaires qui n'appliquent pas à leurs champs leurs bras mêmes et ceux de leur famille. Cette modeste soumission aux circonstances extérieures est sans doute bien loin de ce qu'ont pu combiner dans leur cabinet d'étude de trop ardents néophytes ; mais vouloir conformer la culture des contrées pauvres à la culture des pays riches, c'est aboutir à compromettre le progrès et à décourager les hommes d'initiative ; La transformation des landes de Grand-Jouan en bonnes terres arables a fini par coûter à M. Rieffel une somme égale à leur valeur vénale actuelle, parce qu'il avait d'abord voulu se hâter un peu. Ces considérations feront comprendre aussi pourquoi la carrière agricole ne convient pas toujours à ceux que l'on nomme d'ordinaire des savants. Le savant proprement dit est trop curieux des tentatives d'acclimatation ou des essais d'amélioration rapide pour faire souvent fortune en agriculture. La ferme ne doit être ni un muséum ni un laboratoire expérimental ; c'est une fabrique, et quiconque l'oublie paie cher sa méprise.

Avant donc de prendre à son compte une grosse entreprise agricole, le propriétaire devra s'imposer une sorte d'apprentissage : des essais sur un coin du domaine, des conversations avec les paysans, des voyages, des lectures, enfin des études sérieuses devront précéder chez l'homme du monde une pareille détermination. Il est certain d'ailleurs que nul propriétaire aisé qui voudra entreprendre la culture de ses terres ne réussira, s'il n'en sait pas plus et s'il n'opère pas beaucoup mieux que les paysans qui l'environnent. Ces derniers, en effet, procèdent d'une manière plus économique. Ils surveillent mieux leurs ouvriers, dont ils partagent souvent la vie et les travaux ; ils peuvent davantage se montrer sévères jusqu'à l'avarice dans la discussion du prix des choses ; enfin leurs domestiques mêmes sont moins exigeants à leur égard. C'est donc par une action mieux raisonnée et plus énergique, c'est-à-dire par plus de science et plus de capital, que le propriétaire doit assurer ses succès.

On prétend volontiers à la campagne que l'argent qu'on ne débourse pas est le premier gagné. Ce dicton est absurde, car l'argent qu'on enfouit ne peut rien produire, et la bonne administration d'une ferme constitue une plus grosse opération financière qu'on ne le suppose souvent. Dépenser plus qu'il n'est utile est une faute ; mais reculer devant une dépense qui doit être couverte par de beaux résultats n'est pas une faute moins grande. L'Institut de Grignon fait à chacun de ses hectares en culture une avance de 1,000 fr. Sans s'aventurer dans des chiffres aussi élevés, toujours est-il qu'il faut acheter des bestiaux et des instruments, parfois construire des bâtiments et des chemins, faire drainer, épierrer, marner, planter, entourer de haies ou de fossés les terres ou les prés qu'on exploite, nourrir les animaux, payer les salaires, se procurer les premières semences, attendre pour les ventes un moment propice, et en attendant ne rien retirer de sa ferme. Tout cela exige, outre le capital foncier, qui ne sert qu'à fournir le champ d'opération, un capital d'amélioration et un capital de circulation proportionnés à l'état du domaine, aux conditions économiques du voisinage et au système de culture adopté. Quiconque ne peut aborder sa ferme avec un capital suffisant, c'est-à-dire avec un capital supérieur au chiffre d'avances que font les fermiers ordinaires, doit la louer et ne pas l'exploiter lui-même. Aujourd'hui, avec des salaires élevés, avec la certitude qu'on ne réalise de profits qu'à la suite de longs sacrifices, il faut pouvoir disposer d'une somme importante. En agriculture comme à la guerre, l'argent est devenu le nerf des choses. Souvent d'ailleurs le propriétaire qui se consacre à l'exploitation de son domaine trouve des champs épuisés par une culture mauvaise, ou des landes abandonnées depuis longtemps aux hasards de la nature. Après avoir assaini et ameubli la couche arable, il doit accumuler dans cette couche la plus grande masse possible d'humus. Pour cela, il faut enfouir des plantes vertes dans les terrains légers, épandre des amendements et de pailleux fumiers dans les terrains compactes, diminuer la proportion des récoltes épuisantes, étendre la surface des récoltes fourragères, augmenter le nombre des animaux, recueillir attentivement comme moyens de fertilité les purins, les moindres débris, et les transformer en composts. Parfois même on a intérêt plus tard à créer sur la ferme une industrie accessoire dont le but principal est de multiplier les engrais. On comprendra que lorsqu'il faut surmonter par de tels moyens la résistance que présente la pauvreté du sol, la proportion du capital disponible joue en agriculture un rôle d'une importance toute spéciale [10] ; le rôle fertilisateur des bras peut être regardé comme fini en France, parce que chez les nations avancées le capital est fatalement destiné à remplacer, comme agent utile de production, la main de l'homme. C'est pour n'avoir pas abordé Roville avec toutes les ressources nécessaires, plus encore que pour s'être parfois trop abandonné à ses goûts de savant, que l'illustre Matthieu de Dombasle n'a pu solder qu'avec perte les comptes de sa ferme [11]. De pareils souvenirs sont tristes, surtout parce qu'ils tiennent éloignés de la vie rurale ceux-là mêmes qui peuvent rendre à la science agricole les plus éminents services. Heureusement on peut citer aujourd'hui bien des hommes instruits et distingués qui, ayant fait de l'agriculture une occupation sérieuse et non pas un amusement, ont vu leur sagesse et leur persévérance couronnées par de brillants bénéfices. C'est ce que prouvent avec plus de force chaque année les rapports des commissions chargées de visiter les domaines des concurrents pour nos primes d'honneur agricoles. En recherchant dans les annales du succès d'encourageants exemples, il ne faut cependant pas négliger les leçons de prudence qu'elles fournissent aussi. Cette modeste qualité, dont l'action est si salutaire, se retrouve à différents degrés chez tous les lauréats.

Pour résumer en quelques mots les remarques qui précèdent, on peut dire que l'exploitation directe par un grand ou un moyen propriétaire n'est profitable que si elle est assez suivie et assez sérieuse pour devenir l'occupation principale de la vie, et que les bénéfices à en attendre, moindres dans un pays de culture avancée, augmentent partout en raison directe du capital consacré aux améliorations foncières et de l'état d'infériorité dans lequel se trouvait le domaine dont on s'occupe. Quelle que soit l'habileté du propriétaire, quelque bien approprié aux besoins de l'exploitation que soit le mode choisi, la réussite ne dépend pas toujours de lui seul. Par ses propres travaux, par ceux de son fermier, ou de concert avec celui-ci, devenu son associé grâce au métayage, le propriétaire a pu développer la fertilité et la valeur de son domaine. Néanmoins un tiers puissant intervient toujours, qui, dans le succès des entreprises agricoles et le développement des richesses foncières, joue un rôle singulièrement actif, quoique étranger en apparence à la gestion des intérêts et des opérations dont il s'agit. Ce tiers redoutable, c'est le gouvernement. Qu'importe de bien préparer la terre, si de mauvaises mesures administratives nuisent au prix de vente des récoltes, si des charges excessives en rendent onéreuse la culture ? Comment ne pas se décourager, si des protections trompeuses en cas d'abondance et aboutissant en cas de cherté à un complet sacrifice, si des guerres nombreuses, si de constantes anxiétés fondées sur le mauvais emploi des ressources publiques ou sur l'imprévu d'une politique fantasque, nuisent au commerce et aux affaires ? Un pays qui expose ses cultivateurs à des charges trop lourdes ou à des crises trop profondes, trop fréquentes, ne doit point s'étonner si, malgré des apparences parfois brillantes, la richesse générale cesse de croître, si la gêne fait des progrès dans les classes mêmes qui devraient créer la fortune publique, et si par conséquent, à un moment donné, le masque tombe pour laisser voir des plaies dont on ne soupçonnait pas la gravité. L'agriculture française a déjà vu de ces jours douloureux. Dieu fasse que de pareilles épreuves ne lui soient jamais plus imposées !

Après avoir ainsi examiné dans leurs traits principaux et leurs conditions essentielles les divers modes d'exploitation qui régissent la propriété rurale, ne pourrait-on pas tirer également de ce travail quelques conclusions d'un ordre plus élevé ? Une plume élégante a déjà, dans la *Revue*, rappelé l'ascendant politique dont jouissent en Angleterre les riches propriétaires qui surveillent eux-mêmes la culture de leurs domaines [12]. Certes la différence des mœurs et des institutions ne permet pas de recommander ici la copie servile de ce qui se passe de l'autre côté du détroit ; mais comme les goûts champêtres des classes aisées sont pour beaucoup en Angleterre dans les progrès agricoles du pays, et peut-être aussi pour quelque chose dans le maintien du rôle utilement conservateur que joue l'aristocratie, il est opportun de comparer nos habitudes sous ce rapport à celles de nos voisins. En France, dès que l'on possède quelque aisance, on quitte les champs pour venir habiter la ville. En Angleterre, dès qu'on a pu acquérir quelque fortune, on se hâte d'établir à la campagne sa résidence principale. Notre aristocratie a conservé, depuis Louis XIV, un amour des villes qui semble toujours vivace, tandis que l'aristocratie anglaise, fidèle à ses intérêts et à ses traditions, tient à retremper chaque année dans le sol son influence seigneuriale. Le manoir du lord est aux champs ; c'est là qu'il donne ses plus belles fêtes, là qu'il reçoit ses amis. Son hôtel de Londres ne le voit que peu de temps. Quant aux grandes villes, ce ne sont plus en quelque sorte que des rendez-vous d'affaires, où se réunissent les industriels, les commerçants et les ouvriers. Peut-être le caractère indépendant de l'Anglais contribue-t-il à maintenir cet usage, qui le laisse seul avec sa famille en face de la nature. Par sa présence aux champs, le propriétaire anglais maintient en effet le prestige moral de ses droits ; il donne autour de lui l'exemple du travail intellectuel, en même temps que sur sa réserve (*home-farm*) il se livre à d'utiles essais, qui tendent à perfectionner la culture du domaine et les procédés agricoles de tout le pays. Le *country gentleman* et le *landlord*, grâce à une résidence plus ou moins constante sur leurs terres, à une préoccupation continuelle des affaires locales, entretiennent donc avec les petits propriétaires voisins et avec les laboureurs du comté des rapports constants, qui tournent à l'avantage commun. Ceux-ci restent plus attachés, ceux-là plus influents. Les premiers conservent une action importante, ils sont les magistrats du pays ; c'est par eux seuls que le comté et par suite la nation se gouvernent. En France, où d'autres mœurs nécessitent, il est vrai, un autre mode d'administration, l'abandon des champs et de la vie rurale par les propriétaires aisés laisse dans beaucoup de provinces la misère sans secours suffisants, l'ignorance sans guide, les intérêts locaux sans défense efficace contre les empiétements d'intérêts plus puissans. L'indifférence naît de l'éloignement, et en même temps que le maître ne trouve plus dans le travail agricole les nobles leçons d'indépendance, de simplicité, de patience et d'énergie que ce travail donne toujours, le cultivateur perd le concours intellectuel et l'aide pécuniaire du propriétaire qui s'éloigne.

Une profonde et regrettable scission a donc commencé à se faire entre le *château*, trop souvent vide ou trop souvent étranger à la ferme, et les chaumières, jalouses de voir emporter à la ville presque tout l'argent qui se produit autour d'elles. Si cependant les hommes que leur fortune, leur instruction, leur amour du bien rendent aptes à exercer quelque influence intervenaient plus fréquemment et surtout plus directement dans le travail, dans la vie et dans les choses de la campagne, croit-on qu'un salutaire rapprochement ne s'accomplirait pas, qu'une merveilleuse direction ne serait pas donnée au courant des idées ? C'est dans l'ouest de la France que les châteaux et les riches résidences bourgeoises se trouvent en plus grand nombre ; c'est également là que les rapports se sont maintenus meilleurs entre le paysan et le grand propriétaire. Après la révolution de 1830, beaucoup de nobles bretons se retirèrent dans leurs terres, et, pour occuper leurs loisirs, se mirent à cultiver les champs ; or c'est de cette époque que date le mouvement de progrès accompli par l'agriculture en Bretagne. Faut-il exprimer toute notre pensée, tous nos désirs ? La franche acceptation de la vie rurale pourrait avoir d'autres conséquences que de simples améliorations agricoles : elle exercerait une salutaire influence même dans l'ordre moral et politique. Un meilleur accord finirait sans doute par s'établir entre les diverses classes de la société. Et les hommes politiques eux-mêmes ne serviraient-ils pas plus efficacement les intérêts de la France quand ils auraient appris dans la pratique des champs les vrais besoins de ce qui fait notre plus grande force et notre plus grande richesse : l'agriculture ?

## Notes

1. M. Menard à Huppemeau (Loir-et-Cher) paie de 4 à 6 francs par hectare, M. Decauville à Petit-Bourg (Seine-et-Oise) paie une centaine de francs ; l'un et l'autre réussissent, gagnent de l'argent, et obtiennent en récompense de leurs utiles travaux la grande prime d'honneur.

2. M. Leonce de Lavergne, Éloge historique de Royer, lu en 1859 à la Société d'agriculture.

3. En parlant ainsi, on ne prétend pas que la longueur des baux soit indifférente dans le cas de culture triennale : on veut seulement dire qu'elle a pour ce système une bien moindre valeur que pour les autres assolements qui commencent à s'introduire dans nos campagnes.

4. Lorsque la durée du bail dépasse dix-huit ans, la

transcription de ce bail aux registres hypothécaires est exigée par la loi. Cette mesure, dont le but est de sauvegarder les intérêts possibles des tiers, n'altère en rien les considérations que l'on présente ici ; nous n'en parlons donc que pour mémoire.

5. Une telle initiative, dans un département qui ne figure pas à la tête du mouvement agricole, méritait sa récompense. Aussi le fermier qui a su donner ce bel exemple, M. Soubeyre, a-t-il été décoré d'une médaille d'or au concours régional d'Aurillac.

6. Les proportions réservées au maître ou au cultivateur varient suivant les pays et les circonstances ; elles changent avec la somme de concours que chacun apporte à l'œuvre commune. Si le métayer a beaucoup de travail a Taire, et encore s'il fournit en totalité ou en partie ses instruments de culture, sa part doit s'élever davantage. Si au contraire le propriétaire fait l'avance des instruments, du bétail, des semences, et si sa terre possède naturellement une fécondité telle que les récoltes en soient presque toujours abondantes, il a droit dans le partage a une part plus considérable. Le métayage ne peut donc pas être et n'est pas constamment une exploitation à moitié fruits ; il est seulement une exploitation à partage proportionnel des charges et des récoltes.

7. La pratique des ventes à la campagne est, comme celle des achats, une des moins compatibles avec les habitudes des hommes bien élevés. Il faut, sur un marché de bestiaux, dire tant de paroles, discuter si longtemps à propos et à côté de la valeur de la tête dont il s'agit, recourir en un mot à des procédés et à une rhétorique tellement en contradiction avec la tournure d'esprit des hommes instruits, que souvent ces derniers ne peuvent jamais s'y faire. Un prix fixe ne semble pas possible au paysan, qui paiera plus volontiers une bote 200 francs en la marchandant que 195 sans discussion. C'est alors surtout qu'intervient utilement le maître-valet, à qui l'on peut, en lui précisant le chiffre auquel on tient, laisser tout le labeur de cette étrange diplomatie. Quand il s'agit de grains, le maître a moins besoin de se mêler de l'affaire, parce que la mercuriale lui dit à peu de chose près à quel prix son domestique a pu vendre ou acheter. Du reste, l'amour-propre du maître-valet étant lui-même mis en jeu, le propriétaire n'a pas ordinairement à se plaindre (la question de probité en dehors) de l'intervention de son remplaçant.

8.   Tout le monde sait que MM. de Tracy et Kergorlay dirigent, l'un dans le département de l'Allier, l'autre dans le département de la Manche, d'importantes exploitations. M. de Tracy a, par la culture du topinambour, singulièrement augmenté la valeur de sa propriété. Les succès de M. de Kergorlay, plus particulièrement basés sur l'amélioration des prairies, lui ont valu, en 1859, la prime d'honneur du concours régional.

9.   Il ne faut pas seulement se préoccuper des vraies nécessités du pays où est située la ferme que l'on exploite ; quelquefois même il faut aussi en subir et en respecter les préjugés. Tout le monde sait que la race porcine de Normandie est une race mauvaise, très chargée d'os, et d'un engraissement difficile : eh bien ! nous connaissons des propriétaires qui, après avoir introduit comme améliorateurs sur leurs domaines des verrats de race anglaise, ont trouvé plus sage d'en revenir à l'affreuse race du pays. Ces propriétaires se livraient à l'élève des petits cochons, et ils ne pouvaient plus bien vendre leurs produits parce que Ceux-ci avaient d'autres formes que les formes auxquelles sont habitués les acheteurs de la localité.

10.   A Troulan, près d'Auray, M. Bonnemant possède des landes qui lui ont coûté 500 francs l'hectare. Pour convertir ces terrains en prairies, il a fallu dépenser 906 fr. par hectare (défrichement, drainage, nivellement, fumure, labours et semailles) ; mais tout aussitôt le profit net annuel de ces landes s'est élevé à 90 fr. par hectare. De semblables opérations ne sont possibles qu'aux hommes qui disposent d'un capital considérable ; toutefois, avec moins d'argent et plus de temps, il est permis d'atteindre souvent les mêmes résultats. Ainsi M. Guibal tire aujourd'hui de son domaine de La Barrarié (Tarn) un revenu de 93 francs par hectare, tandis qu'il n'en obtenait que 47 francs il y a une vingtaine d'années, et ce résultat n'a pus exigé des avances immédiates d'une grande importance En définitive, payer tout de suite beaucoup pour réussir aussitôt, ou payer peu à peu pour attendre longtemps, n'est-ce pas toujours, sous une double face, la même question de capital ? Ce sont les circonstances qui doivent entraîner notre décision.

11.   On sait que Matthieu de Dombasle n'était que le fermier de Roville ; si donc nous l'avons pris pour exemple, en parlant des propriétaires cultivateurs, c'est que nous avons voulu tout à la fois évoquer au sujet de l'importance des capitaux l'autorité d'un grand

nom, et ne pas demander à nos contemporains des souvenirs qui auraient pu affliger des hommes encore vivants.

12.     M. Léonce de Lavergne, Revue du 1er mars 1853.

ISBN : 978-1986404976

www.ingramcontent.com/pod-product-compliance
Lightning Source LLC
Chambersburg PA
CBHW070954220526
45471CB00007B/3027